AF221528

Tulum

lieben lernen

Der perfekte Reiseführer für einen unvergesslichen Aufenthalt in Tulum inkl. Insider-Tipps, Tipps zum Geldsparen und Packliste

Janina Goedeke

Alle Ratschläge in diesem Buch wurden sorgfältig erwogen und geprüft. Eine Garantie kann dennoch nicht übernommen werden. Eine Haftung für jegliche Personen-, Sach- und Vermögensschäden ist daher ausgeschlossen. Die Benutzung dieses Buches und die Umsetzung der darin enthaltenen Informationen erfolgt ausdrücklich auf eigenes Risiko.

✈ INHALT

Das erwartet Sie in diesem Buch

E gal, ob Sie schon feste Reisepläne haben und nur nach zusätzlichen Tipps und Inspirationen suchen oder ob Sie bisher nur von dem nächsten Urlaub träumen. Mit dem Kauf dieses Buches machen Sie nichts falsch, da Sie einerseits spannende Dinge über die Stadt erfahren, die Ihnen vielleicht bisher unbekannt waren, und andererseits Informationen zu den Highlights der Stadt, zu Ausflügen rund um Tulum und zu guten und auch günstigen Restaurants erhalten. Auch Übernachtungstipps werden Ihnen geboten. Dabei werde ich auch meine eigenen Empfehlungen preisgeben, was die Reisezeit, die An-, Ab- und Weiterreise betrifft und auch von meinen eigenen Erfahrungen erzählen, die ich mit dem Land, den Leuten und der Sicherheit in dem Land und speziell in dieser Stadt gemacht habe.

Und nun viel Spaß beim Eintauchen in ein wenig Urlaubsfeeling, das mit diesem Buch vermittelt werden soll.

Warum Tulum?

Kennen Sie das Gefühl, dass einmal wieder alles stressig ist, das Wetter mies ist und man am liebsten einmal eine Auszeit von seinem Alltag nehmen würde?

Und träumen Sie dabei auch von einem Urlaub an einem ellenlangen weißen Sandstrand mit Palmen und im Hintergrund nur das Wellenrauschen?

Dann geht es Ihnen wie mir. Auch ich hatte entschieden genug und bin dem Winter in Deutschland entflohen, um Urlaub in Mexiko zu machen. Dort bin ich umhergereist und habe das Land und die Leute immer mehr lieben gelernt. Doch nach meiner

Rückkehr musste ich feststellen, dass es mir eine Stadt ganz besonders angetan hat: Tulum. Wenn Sie nun denken, dass Sie noch nie von diesem Ort gehört haben, dann sind Sie da nicht der Einzige. Tulum ist noch relativ unbekannt – erfreut sich aber immer mehr dem Ansturm der Touristen. Ob das nun positiv oder negativ ist, ist wohl Ansichtssache.

Meiner Meinung nach überschattet die Stadt daher auch Cancún und Playa del Carmen um Längen, da diese mittlerweile zu wahren Touristenhochburgen geworden sind und nichts mehr von einsamen und friedlichen Stränden haben. Klar kann man dort viel erleben, aber wenn Sie an einem Mix aus Entspannung und tollen Ausflügen interessiert sind, dann ist Tulum eindeutig die bessere Wahl.

Doch wie kann man sich die Stadt beziehungsweise das Städtchen, wie ich es lieber betiteln würde, vorstellen?

Tulum ist eine Mischung aus mexikanisch und europäisch. Doch dieses spezielle Bohofeeling ist das, was Tulum eigentlich so traumhaft schön macht. Egal wohin man geht, man kann an jeder Ecke wunderschöne Traumfänger, individuelle Klamotten oder kleine Souvenirs kaufen, und das in liebevoll und stylisch eingerichteten Läden. Obwohl die meisten Läden auf den ersten Blick dasselbe verkaufen, sind sie doch in ihrer Einrichtung und Aufmachung so unterschiedlich, dass man stundenlang in ihnen stöbern kann.

Doch obwohl das Städtchen früher ein kleines, verschlafenes Fischerdorf war, braucht man keine Angst haben, dass es einem dort langweilig werden könnte.

Was man über Tulum wissen sollten

Wenn ich verreise, finde ich es auch immer wieder spannend etwas darüber zu erfahren, wie ein Ort sich entwickelt hat, oder besser gesagt, wie er früher aussah. Daher habe ich hier ein paar interessante geschichtliche Fakten gesammelt, die man wissen sollte.

Tulum oder Tulu'um, wie es auf Mayathan heißt, bedeutet übersetzt „Mauer" oder „Festung." Das passt meiner Ansicht nach sehr gut, denn wenn man erst einmal die beeindruckenden Bauten gesehen hat, kommen einem die Tempel tatsächlich wie eine Festung vor.

Mit seinen ca. 25.000 Einwohnern ist Tulum eine süße Küstenstadt und Hauptort einer Gemeinde. Die anderen Städte der Gemeinde sind Akumal und Cóba. Seit 2015 gehört die Stadt zu den „Pueblos mágicos". Diese Auszeichnung bedeutet, dass die Ortschaft aufgrund ihres besonderen und einzigartigen Charakters als sehenswert und als besonderer Reisetipp ausgezeichnet wurde. Zudem hilft dieser Titel gerade kleinen Orten dabei, bekannter zu werden und durch Werbung zu einer großen touristischen Bekanntheit zu verhelfen.

Das Klima ist tropisch mit einer durchschnittlichen Temperatur von 28 Grad. Weil Tulum auf einer Kalkplatte liegt, sickern die häufigen Regenschauer sofort ein und dies hat zur Folge, dass sich keine Oberflächengewässer bilden. Darum erinnert das Landschaftsbild auch häufig an eine Steppe mit Trockenwäldern. Eine Ausnahme bilden die Cenoten - auf die ich später aber noch einmal genauer eingehen werde.

Geographisch liegt Tulum an der sogenannten Riviera Maya. Dies ist ein Küstenstreifen an der Karibikküste von Mexiko - was auch die weißen Sandstrände und die Palmen erklärt. Tulum liegt im selben Bundesstaat wie Cancún und Playa del Carmen. Der Name hiervon ist Quintana Roo.

Wie man vielleicht schon aus den Mayastätten schließen konnte, war Tulum ein Maya-Ort. Doch gerade wegen des immer mehr steigenden Tourismus haben sich seit den 1979er Jahren auch zunehmend Amerikaner und sogar Europäer den Ort als neue Heimat ausgewählt. Doch auch viele Mexikaner aus anderen Landesteilen haben sich für Tulum als Wohnsitz entschieden, da es auf einmal viele Möglichkeiten für Arbeit bot.

In Küstennähe befindet sich das sogenannte karibische Riff oder auch Korallenriff genannt, welches sich vom nördlichsten Punkt Yucatáns bis hinunter nach Belize erstreckt. Dies sorgt dafür, dass der Strand vor zu hohem Wellengang geschützt wird. Man sollte sich trotzdem über die Gefahr bewusst sein, dass die karibische Küste ein Ort für Hurricanes ist. Und Tulum liegt in direktem Gefährdungsgebiet. Mein Tipp hierbei ist, dass man immer mal wieder auf die ausgehängten Flaggen am Strand achtet. Bei grüner Flagge ist alles in Ordnung und Sie können in Ruhe und ohne Sorge Ihren Strandtag genießen.

Das Besondere ist, dass Tulum zu den Maya-Fundstätten gehört, die direkt am Meer liegen. So kann man geschichtliches auch immer damit verbinden, schnell ins Meer zu hopsen, beziehungsweise die wunderschöne Aussicht darauf zu genießen. Wer diese Gebäude besuchen möchte, sollte sich folgende Namen merken: Neben dem sogenannten „Schloss" gibt es den „Tempel des herabsteigenden Gottes" und den „Freskentempel." Das Stadtinnere ist dabei von einer zum Meer offenen Stadtmauer umgeben. Man sollte sich vorher auch darüber klar sein, dass nicht alle Strukturen zugänglich sind, da sie denkmalgeschützt sind.

Geschichtlich anzumerken ist, dass Tulum seit ungefähr 1200 besiedelt war und im 13. Und 14. Jahrhundert dann zu einer der größten Städte der Halbinsel Yucatán wurde. Man hat außerdem herausgefunden, dass die Stadt aufgrund ihrer Lage vermutlich ein bedeutender Handelsknotenpunkt war, der mehrere Mayaregionen miteinander verband. Wer schon einmal in Sevilla war, kann sich Tulum von der Größe her ähnlich vorstellen.

WÄHRUNG

Die Währung in Tulum ist der mexikanische Pesos (MXN). Momentan liegt der Wechselkurs bei 20,92 Pesos für einen Euro. Man hat aber auch die Möglichkeit mit US-Dollar zu bezahlen. Ein US-Dollar entspricht demnach 19,19 Pesos. Man sollte sich dann vielleicht nur im Voraus eine App herunterladen, die die verschiedenen Geldangaben umrechnen kann. Ich habe dafür immer eine App namens „Currency" benutzt, die auch offline verfügbar ist.

DAS TULUM HEUTE

Vor einigen Jahren wurde die ruhige Stadt, die mit ihrem traumhaft klaren Meer, den ruhigen Sandstränden und den atemberaubenden Sonnenaufgängen besticht, von Prominenten und den Jetsettern von überall auf der Welt entdeckt, die genau diesen Frieden, diesen „Rustikal-Luxus"-Stil suchten. Dadurch entstand ein Trend, der mittlerweile als „Hippie-Chic" betitelt wird und immer mehr Reiz, gerade für junge Reisende, hat.

Gerade auch aufgrund der Leute, die Tulum bereisten, entwickelte sich der Ort zu einem Platz für Yoga, vegane sowie vegetarische Speisen und für Modeshootings, da man dem Trend folgen wollte und immer mehr Touristen anziehen wollte. Mit Bekanntheitsproblemen hat Tulum mittlerweile aber nicht mehr zu kämpfen, da viele internationale Magazine und Verlage in ihren Kapiteln für Reisetipps über diesen einzigartigen Ort berichten und dies liegt nicht nur an der Lage nahe dem Dschungel und an spektakulären Landschaften, sondern vielmehr auch an dem Flair, das dieser Ort ausstrahlt.

DIE ZWEIGETEILTE STADT

Sie sollten daher vorher unbedingt wissen, dass Tulum eine zweigeteilte Stadt ist. Die sogenannte Zona Hoteleria (Hotelzone) bietet auf den feinen Stränden zahlreiche Möglichkeiten zum Erholen, Baden und Entspannen. Auch wer den Strandtag mit Schnorcheln und Tauchen aufpeppen will, ist hier an der richtigen Adresse. Aufgrund des vorgelagerten Riffs ist die Brandung sehr schwach und man kann super einige Zeit im oder unter Wasser verbringen. Wegen der Nähe zum Meer sind hier auch die Übernachtungsmöglichkeiten um einiges teurer als in der Stadt selbst. Aber hier gibt es dann auch statt riesigen Hotelkomplexen kleine Bungalows, die aussehen wie aus einem Prospekt. Wer also viel Geld zur Verfügung hat, sollte sich auf jeden Fall hier ein Zimmer oder Bungalow mieten.

Wichtig ist auch zu wissen, dass es nur einen öffentlichen Strand in Tulum gibt. Den „Las Palmas." Der Rest der Strände ist privat und gehört zu den zahlreichen Hotels. Aber keine Sorge: Wenn man etwas an einer der zahlreichen Strandbars trinkt oder isst, kann man auch an den privaten Stränden entspannen und die etwas ruhigeren und schöneren Strandabschnitte genießen. Ein Geheimtipp ist auch, dass sich zwischen den Luxushotels oft schmale Wege zu den öffentlichen Stränden befinden. Dort wird auch jeden Tag der Strand auf Hochglanz gefegt, sodass man hier weder Algen noch Müll findet.

Empfehlungen hierfür wären zum Beispiel das Coco Tulum: Hier können Sie sich eine Liege für zehn Euro pro Tag mieten und den Tag entspannt genießen, oder Sie nutzen den Zugang neben dem schicken Hotel Azulik. So können Sie auch mit schmalem Budget ein wenig der Luft der Reichen und Schönen schnuppern.

Oberhalb des Strandes gibt es eine Straße, die ich als Tulum Dorf bezeichnen würde, auf der es einige süße Boutiquen sowie hippe, gesunde und auch schicke Restaurants gibt. Hier ist zwar immer viel los, aber wer keine Lust mehr auf Faulenzen hat, kann sich dort gerne einmal umschauen. Selbst wenn man nichts kaufen oder essen will, allein der Charme ist es schon wert, dass man sich dieses Dörfchen einmal anschaut und in dem Flair eintaucht.

Dies ist der eine Teil von Tulum. Doch wie eben schon beschrieben gibt es noch einen weiteren Bereich, der oft als Tulum Stadt bezeichnet wird. Das ehemalige Fischerdorf liegt direkt an der Fernstraße und bietet alles, was man als Tourist so braucht: Hotels, Supermärkte, Banken, Nachtleben, ...

Auch hier wird oftmals wieder der Hippie-Chic Stil in kleinen Läden oder Cafés aufgegriffen - doch trotzdem ist die Stadt keine Schönheit. Wenn einem trotzdem einmal langweilig sein sollte, ist es trotzdem eine gute Möglichkeit, um kleine Souvenirs zu kaufen oder etwas essen zu gehen.

Wenn Sie sich nun fragen, ob die Stadt nahe am Strand liegt, muss ich Sie leider enttäuschen. Zum Tulum Beach fährt man schon eine ganze Weile doch mit Taxi oder Fahrrad ist dies auch ganz einfach möglich. Wer das Taxi wählt, sollte nur beachten, dass es gerade abends immer zu Stau am Tulum Beach kommt und sich somit die Fahrt nach Hause verdoppeln kann. Auch habe ich oft erlebt, dass die Taxifahrer sehr skrupellos mit ihren Preisen sind. Am besten informieren Sie sich vorher bei Einheimischen oder bei dem Besitzer ihres Hotels/AirBnBs, wie viel die Taxifahrt von ihrer Destination aus kosten sollte. Ein weiteres Problem ist nämlich, dass während der Fahrt keine Uhr läuft und Sie somit erst am Ende der Fahrt erfahren, wie viel Ihre Fahrt kosten soll. Und glauben Sie mir - mit einem temperamentvollen Mexikaner wollen Sie lieber nicht verhandeln...

Eine andere Möglichkeit wäre natürlich schon am Anfang der Fahrt nach dem Preis zu fragen, doch dafür müssen Sie die richtigen spanischen Worte bereit haben, da die Fahrer - wenn überhaupt - nur gebrochenes Englisch sprechen.

Wenn Sie bei der Vorstellung schon die Lust am

Urlaub verlieren, kann ich Sie beruhigen. Denn es gibt immer noch die Alternative, die Strecke mit dem Fahrrad zurückzulegen. Dies ist absolut kein Problem, weil es an jeder Ecke Stände zum Fahrradverleih gibt oder manche Hotels dies direkt anbieten. Sich mit dem Fahrrad fortzubewegen gehört irgendwie zu Tulum dazu und passt auch absolut zu dem Flair des ganzen Städtchens. Je nachdem wo Sie übernachten, dauert die Fahrt natürlich auch länger oder kürzer, aber so ungefähr sind es sieben Kilometer. Aber auch hier keine Angst. Sie können unterwegs stets anhalten und die Umgebung genießen. Man ist schließlich im Urlaub und muss kein Radrennen fahren.

Auch der Strand ist leicht zu finden, da viele Fahrer dasselbe Ziel haben und Sie Ihnen entweder einfach nur folgen müssen, oder Sie informieren sich morgens im Hotel nach dem genauen Weg, der aber wirklich nicht kompliziert ist. Im Folgenden habe ich Ihnen noch einmal grundlegende Informationen zu den verschiedenen Fortbewegungsmöglichkeiten aufgelistet.

Transport in Tulum

MIT DEM FAHRRAD DIE UMGEBUNG ERKUNDEN

Das Fahrrad ist, wie oben schon erwähnt, das bequemste Verkehrsmittel in Tulum, da man damit flexibel seinen Tag gestalten kann. Die kaum zählbaren Fahrradverleihe verleihen Fahrräder für den ganzen Tag - und oft sogar für ganze 24 Stunden - wobei oftmals sogar das Abholen und Bringen des Fahrrades inbegriffen ist.

Natürlich gibt es, wie auch bei Autos, je nach Anbieter einen Unterschied in Qualität und Preis. Wer sich nicht übers Ohr hauen lassen will, sollte einfach

vor dem Ausleihen eine Runde mit dem Fahrrad dre-
hen und schauen, ob zum Beispiel alles mit den
Bremsen in Ordnung ist. Wer gut verhandeln kann,
kann an den Preisen, die zwischen 80 und 130 Pesos
liegen, auch noch etwas machen.

MIT DEM TAXI ENTSPANNT ZUM STRAND

Ein Taxi in Tulum zu finden ist wirklich nicht
schwer. Meistens muss man noch nicht einmal einen
Arm ausstrecken, um ein Taxi zu bekommen, da die
Fahrer schon gezielt nach Touristen Ausschau hal-
ten und Sie anhupen, um auf das leere Taxi aufmerksam zu machen. Klar darf man die Taxis nicht mit
dem Standard in Deutschland vergleichen, denn ich
habe auch Erfahrungen mit total heruntergekom-
menen Fahrzeugen gemacht. Jedoch gibt es natürlich
auch sehr gepflegte Taxis mit Klimaanlage, aber dies
kann man nicht immer erwarten. Dafür sind die Ta-
xifahrten auch nicht so teuer wie in Deutschland und
man kommt einfach von Ort zu Ort.

Um hier einen kleinen Anhaltspunkt zu geben:
Von Tulum bis zum Strand oder zu den Maya Ruinen

muss man mit 70 bis 100 Pesos rechnen. Aber auch wie oben schon erwähnt kann dies natürlich je nach Entfernung auch variieren. Verhandeln ist zwar auch hier möglich, aber wenn sich ein Taxifahrer absolut stur stellt, sollten Sie einfach zu einem anderen Fahrer gehen. Denn es wird kein Problem sein, ein anderes zu finden. Und im Urlaub sollte man sich auch nicht unnötig ärgern lassen. Das ein oder andere Mal wurde ich dann auch zurückgerufen, und auf einmal war der niedrigere Preis dann doch in Ordnung. Man sieht also... mit ein paar Tricks kann man auch die dickköpfigsten Fahrer überlisten.

Wer einen netten Taxifahrer gefunden hat, kann sich auch überlegen zu fragen, ob er Lust hat, den ganzen Tag für einen Chauffeur zu spielen. Die meisten Taxifahrer sind darüber sogar froh, da sie so einen gesicherten Tagesverdienst haben. Diesen Service kann man beispielsweise in Anspruch nehmen, wenn man zu den Maya Ruinen in Coba möchte, oder mehrere Cenoten hintereinander besuchen möchte, die weiter entfernt liegen. Dabei sollten Sie nur darauf achten, den Preis am Anfang des Tages festzulegen, da der Fahrer den Preis abends sonst einfach selbst festlegt und das meist sehr viel höher sein wird, als Sie normalerweise gezahlt hätten. Auch sollten Sie darauf achten, dass der Fahrer gutes Englisch spricht und Sie versteht, da es sonst zu immensen Verständigungsproblemen kommen kann und Sie womöglich wo ganz anders landen, als Sie eigentlich hinwollten. Wenn Sie Spanisch sprechen, brauchen Sie sich darum natürlich keine Sorgen zu machen.

DIE UMGEBUNG MIT EINEM MIETWAGEN ERKUNDEN

Wer es sich zutraut, kann sich natürlich auch einen Mietwagen mieten. Denn das ist natürlich im Vergleich zum Taxi eindeutig das günstigere und flexiblere Transportmittel, wenn man Tulum und Umgebung erkunden möchte. Gerade für diejenigen, die sich spontan treiben lassen wollen und morgens noch keinen ausgereiften Plan haben, ist dies eine gute Variante.

Beinahe alle Mietwagenanbieter befinden sich in Tulum in einer Straße namens „Av. Coba." Dort bekommt man einen kleinen Mietwagen schon umgerechnet ab 20 bis 30 Euro pro Tag. Klar, dass dieser

Preis natürlich je nach Fahrzeug, der gewünschten Versicherung, dem Rückgabeort und der Mietdauer variiert. In dem Fallbeispiel, dass man einen Kleinwagen mit unbegrenzten Kilometern, Vollversicherung, dem gleichen Abholort wie Abgabeort und die Abgabe mit vollem Tank mietet, kann ungefähr mit 20 Euro rechnen. Wer sich trotz dessen unsicher mit dem Preis fühlen sollte, kann sich auch vorher online über die aktuellen Preise informieren und diesen mit den angegebenen Preisen vor Ort vergleichen. Oft kann man dadurch eine Menge Geld einsparen. Wer dann tatsächlich online buchen möchte, kann beispielsweise bei Rentalcars vorbeischauen.

Eben habe ich erwähnt, dass der Preis auch sehr stark davon abhängt, wo man den Wagen wieder abgibt. Will man den Wagen beispielweise ein paar Tage später in Cancún abgeben, weil sich dort das nächste Reiseziel befindet dann zahlt man eine Einweggebühr von 50 bis sogar 100 Euro. Daran muss man immer denken! Denn das gilt auch, wenn man den Wagen online buchen sollte.

Ein anderer wichtiger Hinweis ist auch, dass man immer noch die Kaution im Hinterkopf haben sollte, die man für den Wagen bezahlen muss. Dieser

Betrag wird dann auf der Kreditkarte für die Miet-dauer gesperrt und man bekommt ihn erst wieder bei der Rückgabe des Fahrzeugs zurückerstattet. Vorausgesetzt das Auto ist natürlich unversehrt. Da diese Kaution mitunter zwischen 450 bis sogar 1000 Euro betragen kann, sollte man davor sicher gehen, dass sich genug Geld auf der Kreditkarte befindet, da das Mieten des Autos sonst nicht möglich ist. Auch nicht online!

DAS COLECTIVO – DER TRANSPORT MIT DEN EINHEIMISCHEN

Ein Colectico kann man sich als einen kleinen Transporter vorstellen, der gerade bei der einheimischen Bevölkerung sehr beliebt ist, weil die Fahrt um einiges günstiger ist als mit Taxi und Co. Wer diesen Transportweg wählt, muss zu einer der Bushaltestellen gehen oder kann sich auch einfach an den Straßenrand stellen und wartet dort, bis nach fünf bis zehn Minuten der nächste Colectivo kommt. Erkennen kann man diese Kleintransporter an der weißen Farbe mit dem typischen roten Streifen, sowie der Aufschrift „Colectivo." Ähnlich wie bei den Taxifahrern muss man nicht viel machen, um mitzufahren. Man sollte sich nur gut sichtbar an den Straßenrand stellen – ohne sich natürlich zu gefährden versteht sich - und gegebenenfalls den Arm herausstrecken. Die Colectivo -Fahrer erkennen meistens aber auch so, wer mitfahren will und wer nicht. Es kann aber auch sein, dass der Wagen an einem vorbeifährt. Dies ist zum Beispiel dann der Fall, wenn er schon voll ist und kein Platz mehr für Sie frei ist.

Ich habe Ihnen zwar schon öfter zum Verhandeln geraten, aber in diesen Colectivos sollten Sie das möglichst unterlassen. Die Preise sind festgelegt und ziemlich fair. Außerdem würde das Verhandeln den Fahrer jedes Mal eine Menge Zeit und Mühe kosten, da auch hier immer wieder Sprachprobleme auftauchen. Auch wäre es gut, wenn Sie das passende Kleingeld schon parat hätten, denn die Fahrer haben oft wenig bis gar kein Wechselgeld bei sich. Der Preis variiert natürlich je nach Ziel, aber als Orientierung: Von Tulum bis nach Akumal zahlen Sie 30 Pesos.

Bezahlen können Sie entweder direkt nach dem Einsteigen, nachdem Sie Ihrem Fahrer Ihr Ziel genannt haben oder eben beim Aussteigen. Sie brauchen keine Angst zu haben. Wenn ich einmal nicht wusste, wo genau ich aussteigen musste, habe ich einfach gefragt, ob der Fahrer mir Bescheid geben kann, wenn wir angekommen sind und ganz oft hat der Colectivo-Fahrer auch unaufgefordert die Namen der Stationen ausgerufen.

Die Colectivos sind meistens in einem guten Zustand und auch klimatisiert. Selbst wenn wenige Leute mitfahren, brauchen Sie sich prinzipiell keine Sorgen, um Ihre Sicherheit zu machen. Die Fahrer sind alle seriös und freundlich und stehen zusätzlich auch andauernd mit der Zentrale in Kontakt. Jedoch ist natürlich immer Vorsicht geboten. Aber dies gilt selbstverständlich nicht nur für die Colectivos, sondern für alle Verkehrsmittel.

Zum Schluss möchte ich noch kurz auf die ADO-Busse eingehen, die ich aber später noch einmal genauer beschreiben werde, wenn es um die Weiterreise geht. Diese Busse fahren ab einer Busstation ab und sind ganz normale Reisebusse. Ein Ticket kann man hier vor Ort, oder auch online buchen und diese Möglichkeit ist vor allem für längere Strecken die perfekte Variante, um billig zu reisen. Und natürlich ist dies auch um einiges billiger als ein privater

Taxifahrer, der einen nach Chichén Itzá fährt.

Wie Sie nun gemerkt haben, bietet Tulum mehrere Möglichkeiten, um von A nach B zu kommen. Trotzdem sollten Sie immer einen Notgroschen in der Tasche haben, falls Sie doch einmal ungeplant das Taxi nehmen müssen. Denn oftmals sind die Entfernungen dann doch zu groß, um sie zu Fuß zu erreichen. Im kurzen Überblick sind die öffentlichen Verkehrsmittel natürlich am billigsten, aber wenn Sie ausgefallenere Ziele besichtigen wollen, sollten Sie schon eher auf Taxi oder Mietauto zurückgreifen. Gerade auch ein eigenes Auto oder ein Fahrrad bieten noch einmal viel mehr Freiheit ohne ein festgelegtes Ziel und wer das Abenteuer mag und nicht ganz so streng auf das Geld achten muss, sollte diese Variante unbedingt ausprobieren. Wobei eine Fahrt im Colectico zum Beispiel natürlich auch immer eine Erfahrung wert ist und man so auch die Möglichkeit hat, mit Einheimischen in Kontakt zu kommen.

Ausflugsziele und Sehenswürdigkeiten

CENOTEN

Bevor ich zu den eigentlichen Ausflugszielen komme, will ich noch auf die Cenoten eingehen, die meiner Meinung nach ihr eigenes Kapitel verdient haben. Ausgesprochen werden sie „se-no-te." Diese „Unterwasserseen", wie ich sie der Einfachheit halber betiteln werde, sind entstanden, weil die Kalkplatte ausgespült wurde und dabei die Decke eingestürzt ist. Hinterlassen wurden dabei die ganzjährig gefüllten Wasserlöcher, die ihr ganz eigenes Mikroklima mit feuchttropischer Vegetation besitzen. In ganz Quintana Roo, so heißt der Bundesstaat in dem Tulum liegt, sind weit über 1000 dieser

Cenoten bekannt. Übersetzt bedeutet „Cenote" übrigens heilige Quelle. Schon vor über hundert Jahren wurden sie als Kultstätte, oder auch als Brunnen genutzt.

In vielen der Cenoten wurden auch tatsächlich Reste von Zeremonien der Mayas und sogar Skelette von Menschen auf dem Grund der Seen gefunden. Mich wundert es nicht, dass dort früher verschiedene Rituale abgehalten wurden, da es einfach perfekt an diese mystisch-magischen Orte passt. Trotzdem hat man natürlich ein mulmiges Gefühl im Bauch, wenn man so etwas erfährt. Aber vielleicht auch gerade deswegen sind diese geheimnisvollen Seen so reizvoll. Und Sie brauchen natürlich auch keine Angst haben. Die bekannten Cenoten sind alle nicht gefährlich. Dabei sind manche weniger groß oder auffällig und sehen aus wie ein ganz normaler See, doch es gibt auch die Cenoten, die man vielleicht von Bildern kennt, die sich wirklich in einer Höhle befinden.

Was für die Leute dort sehr wichtig ist und mir deshalb auch sehr am Herzen liegt, ist der Hinweis darauf, dass die Cenote ein eigenes Ökosystem ist. Man sollte sich vorher also unbedingt abduschen, um ja nicht irgendwelche Restbestände von Sonnen-milch, Mückenspray oder Schmutz mit ins klare Wasser zu nehmen. Falls Sie vor Ort keine Möglich-keit haben zu duschen, sollten Sie morgens darauf achten, keine Cremes oder ähnliches aufzutragen!

Möchte man einmal eine Abwechslung vom Schwimmen im Salzwasser, sind die kühlen und glasklaren Cenoten eine willkommene Abwechs-lung, da sie mit Süßwasser gefüllt sind. Nahe an Tulum befindet sich eine der berühmtesten Cenoten: Die Gran Cenote. Obwohl man aufgrund des Namens denken könnte, dass es sich um eine sehr große, ein-zelne Cenote handelt, ist dies nicht so, da sie in Wahrheit aus mehreren kleinen Cenoten besteht.

Wer viel Wert auf Umkleidekabinen und Schließfächer legt, ist hier richtig. Jedoch muss man hier sehr früh dran sein, da alle Touristen diesen Ort sehen wollen und die Cenote somit schon ab 10 Uhr sehr voll ist. Ein ruhiges Plätzchen zum Schwimmen finden Sie hier vermutlich nicht. Um ins Wasser zu gelangen kann man mehrere Möglichkeiten nutzen. Man kann von dem Eingang der Cenote unter dem Höhlendach entlangschwimmen und am Ausgang, beziehungsweise dem anderen Eingang, aus dem

Wasser steigen.

Jedoch kann man hier nicht nur schwimmen, sondern auch Schildkröten aus der Nähe beobachten, was vielleicht auch ein Grund für einen Besuch sein könnte. Die Cenote ist auch bei Tauchern sehr beliebt, da man viele Unterwasser-Stalagmiten und -Stalaktiten entdecken kann. Wer keinen eigenen Schnorchel oder eigene Taucherbrille besitzt, kann sich diese für 80 Pesos mieten. Diese Möglichkeit ist an kleineren Cenoten natürlich nicht möglich. Geöffnet ist die Cenote ab 8 Uhr und der Eintritt kostet 180 Pesos. Am besten und einfachsten erreichen Sie diesen Ort mit dem Fahrrad.

Nach einem Besuch der Gran Cenote würde sich ein Abstecher zur Cenote Calavera lohnen, da diese nur zwei Kilometer entfernt ist. Calavera bedeutet auf Spanisch Schädel und um ehrlich zu sein, passt dieser Name ziemlich gut, da dieser Ort doch etwas unheimlich ist. Da die Cenote weiter unten liegt, führt eine Leiter in die Tiefe. Wenn man nicht unbedingt dort tauchen möchte, bekommt man relativ wenig von der Welt unter Wasser mit, da diese Cenote ziemlich tief und das Wasser dadurch sehr dunkel ist. Für Adrenalin-Junkies gibt es hier die

Möglichkeit, auf ein Seil seitlich der Cenote zu klettern und zu schaukeln oder von einer kleinen Öffnung im Felsen hinunter in das Wasser zu springen. Der Eintritt kostet hier 100 Pesos.

Haben Sie danach noch Lust auf weitere Cenoten, können Sie weiter zu der Cenote Carwash oder Cenote Zazil fahren. Hier kostet der Eintritt 50 Pesos. Wie man vielleicht auch schon an dem Preis erkennen kann, gibt es hier nicht die Annehmlichkeiten von Schließfächern oder die Möglichkeit Tauchsachen auszuleihen. Dafür sind diese Cenoten naturbelassener und meistens von wenigen, oder ganz ohne Menschen, besucht. Auch für diesen Besuch nutzen Sie am besten Ihr Fahrrad.

Die Cenote Carwash bietet die Möglichkeit, von einem drei Meter Turm zu springen und wenn man Glück hat, kann man sogar eine Schildkröte beobachten, die aber meistens hinten in der Ecke unter den Felsvorsprüngen herumpaddelt. Laut vieler Leute soll es hier auch ein Krokodil geben, das aber natürlich als ungefährlich bezeichnet wurde und überhaupt erst von sehr wenigen Leuten wirklich gesehen wurde.

Etwa 45 Minuten Fahrt von Tulum entfernt und

in Richtung Playa del Carmen befindet sich die Cenote Azul. Diese hat zwei kleinere Cenoten und eine größere, in der man auch gut schwimmen und, wer mag, auch schnorcheln kann. Für die mutigen Urlauber gibt es hier die Möglichkeit, von einem drei Meter hohen Felsen zu springen. Doch keine Panik. Ich habe es selbst ausprobiert und das Wasser ist definitiv tief genug, sodass nichts passieren kann. Auch um die Cenote herum kann man sich schön hinsetzen und sonnen und deswegen ist der Eintritt von 100 Pesos meiner Meinung nach relativ fair.

Ein Geheimtipp ist vielleicht die Cenote Casa, die sich wie ein Fluss durch Mangrovenhaine schlängelt. Am Ende der Cenote befindet sich eine Quelle, weshalb man tatsächlich ein wenig gegen die Strömung anschwimmen muss. Doch das ist auch der Grund, warum das Wasser herrlich kühl und glasklar ist. Hier kann man somit wunderbar schnorcheln und wer keinen eigenen Schnorchel und Taucherbrille besitzt, hat auch hier die Möglichkeit, sich einen vor Ort auszuleihen. Ganz am Ende gibt es einen schmalen Durchgang zwischen den Mangroven, durch die man hindurchtauchen kann, aber nicht muss. Wer nicht den Kopf unter den Mangroven einziehen will, kann auch einfach außenherum schwimmen. Was hier toll ist, ist, dass man nach dem Cenotenbesuch direkt an den Strand gehen kann, der sich auf der anderen Straßenseite befindet. Oder man besucht den Strand zuerst und nutzt die Cenote danach als Abkühlung. Ganz egal wie, die Cenote ist einen Besuch wert, kostet aber 120 Pesos.

Eine Cenote, die sehr bekannt, aber dafür auch weiter entfernt ist, ist die Cenote Ik'kil. Diese liegt auf dem Weg zu Chichén Itzá, weshalb ich sie als Zwischenstopp zur Ruine genutzt habe. Leider machen das sehr viele Touristen so, weshalb die Cenote im Laufe des Tages auch immer voller wird. Wer sie also für sich allein genießen möchte, sollte sehr früh da sein. Der Eintritt kostet 70 Pesos. Interessant ist vielleicht, dass diese Cenote 2011 von Red Bull für das Red Bull Cliff Diving ausgewählt wurde. Und das meiner Meinung nach nicht ohne Grund. Eine Art Tunnel führt mit Treppen bis zu der Cenote selbst. Auf dem Weg dorthin kann man aber auch auf einer Plattform die atemberaubende Aussicht auf die 17 Meter tiefe Cenote genießen, da das Wasser nochmal einige Meter tiefer liegt, oder ein paar Fotos schießen. Wer tatsächlich schwimmen gehen will, kann sich auf sehr klares Wasser freuen, in dem man einige kleine Fische schwimmen sehen wird. Mit ihren 46 Metern Wassertiefe ist diese Cenote ganz schön tief. Besonders ist hier auch, dass die kreisförmige Cenote ein komplett eingestürztes Höhlendach hat, sodass es im Inneren sehr hell ist – besonders im Vergleich zu manch anderen Cenoten.

Was mich besonders begeistert hat, waren vor allem die Lianen, die von oben bis fast ins Wasser reichen. So hat man das Gefühl, als wäre man mitten im Dschungel! Auch diese Cenote ist völlig erschlossen. Man braucht sich also keine Sorgen um eine Dusche oder allgemein Sanitäranlagen zu machen und auch ein Hotel und ein Restaurant befinden sich in der Nähe. Rund um das Restaurant kann man auch eine der Liegemöglichkeiten nutzen und einfach eine Weile in einer Hängematte abhängen.

Eine Cenote, die man ebenfalls auf dem Weg nach Chichén Itzá beziehungsweise Valladolid besuchen sollte, ist die Cenote Suytun. Sie ist relativ unbekannt und dadurch befreit von großen Menschenmassen. Das könnte daran liegen, dass sie sehr versteckt ist und nur durch den überdachten Eingang zu einer Treppe zu erkennen ist. Betritt man die ersten

Stufen, schlägt einem direkt die kalte und feuchte Luft entgegen. Den richtigen Eingang zur Höhle erreicht man dann nach dem ersten Treppenabsatz. Auch hier hat man einen tollen Ausblick auf die tieferliegende Cenote. Etwa mittig des Wassers befindet sich ein Steinsteg, auf den in der Mittagszeit die vereinzelten Sonnenstrahlen des Höhlendachs fallen. Auch dieser Ort ist einfach magisch, doch mit seinen 120 Pesos Eintritt relativ teuer. Jedoch gibt es auch hier Duschen und Sanitäranlagen und mit etwas Glück kann man sogar freilebende Pfauen beobachten, die auf dem Gelände herumlaufen.

Kurz erwähne ich noch die Cenote Dos Ojos, die natürlich auch wieder glasklar ist und sauberes Wasser hat. Übersetzt bedeutet der Name "zwei Auge", was auf die zwei benachbarten Cenoten anspielt. Leider kann man von der Anlage nicht behaupten, dass diese im besten Zustand ist. Schnorcheln kann man auch hier, aber Fische kann man nur im Einstiegsbereich beobachten. Auch der Eintritt von 350 Pesos nur für die ersten beiden Höhlen ist echt wuchtig. Wer auch die dritte Höhle sehen möchte, zahlt sogar noch 650 Pesos obendrauf. Daher nicht unbedingt ein Tipp von mir.

DIE RUINEN VON TULUM

Als nächstes widme ich mich den Sehenswürdigkeiten und Ausflugszielen in Tulum selbst. Wie Sie später selbst sehen werden, gibt es aber noch unendlich viele andere Möglichkeiten, auch außerhalb von Tulum etwas zu erleben. Wer aber nur wenige Tage in Tulum ist und somit diese Umgebung genauer erkunden möchte, sollte sich diese Tipps genauer durchlesen. Hier möchte ich auch gleich meine Empfehlung loswerden, dass es für alle erwähnten Touren und Ausflüge auch schon vorgefertigte Touren auf Portalen, wie zum Beispiel TripAdvisor gibt. Da ich alleine verreist bin, war dies für mich die perfekte Möglichkeit, neuen Leute kennenzulernen und ins Gespräch mit den Tourguides zu kommen, um Extrainformationen zu erhalten. Zudem muss man sich nicht selbst um die Planung und den Transport kümmern, da alles schon von den Veranstaltern geplant ist. Ich kann dafür nur ein Lob aussprechen, da alle meine Touren sehr gut waren, ich pünktlich abgeholt wurde und die jeweiligen Tourguides auch gut informiert waren.

Meine erste Tour in Tulum führte erst einmal zu den bekannten Ruinen von Tulum, da ich erst einmal sehen wollte, was Tulum selbst zu bieten hat. Und ich wurde definitiv nicht enttäuscht!

Sie werden auf einem riesigen Parkplatz ankommen, an den sich ein für die Touristen angelegtes Dorf mit Souvenirshops und Restaurants befindet. Hier müssen Sie sich darauf anstellen, dass Sie des Öfteren von Verkäufern angesprochen werden, um etwas zu kaufen oder Bilder mit Tieren zu machen. Wollen Sie dies nicht, dann laufen Sie am besten direkt weiter, ohne mit ihnen ins Gespräch zu kommen. Mexikaner können nämlich sehr überzeugend sein! Von diesem Dorf aus sind es noch einmal circa 400 Meter bis zum Eingang und auch zur Kasse. Wer zu faul ist, diese Strecke zu Fuß zurückzulegen, hat die Möglichkeit gegen einen Aufpreis eine Bimmelbahn zu nutzen.

Die Öffnungszeiten der Ruinen sind von acht Uhr bis 17 Uhr und mein Tipp wäre wieder einmal, dass man den Besuch morgens einplant, da man so auch den großen Touristenansturm vermeidet. Zudem ist es zu dieser Uhrzeit noch nicht allzu heiß und man kann sich in aller Ruhe auf dem Gelände umsehen. Der Eintritt kostet 70 Pesos, was wirklich akzeptabel ist. Befindet man sich schließlich hinter dem Eingang, führt der Weg entlang vieler Pflanzen und Bäumen über ein paar Treppen und einen kleinen Tunnel, bis die beeindruckende Maya-Stadt ins Blickfeld tritt. Und das war für mich mal wieder ein Wow-Effekt. Es ist, als würde man eine Zeitreise machen, zurück in die Mayazeit. Die Anlage wirkt gepflegt und gerade das Castillo ist beeindruckend. Die Tempel sind auch alle noch sehr gut erhalten.

Was Sie vielleicht wissen sollten ist, dass einige der Tempel von riesigen Leguanen bewohnt werden. Deshalb nicht erschrecken, falls Sie mal einen sehen sollten. Wer schon einmal davor Chichén Itzá besucht hat oder später noch besuchen wird, wird natürlich feststellen, dass die Bauwerke längst nicht so groß sind und auch das Gelände selbst nicht besonders groß ist. Deshalb ist eine Besuchszeit von einer bis zwei Stunden auch vollkommen ausreichend.

Wenn Sie wirklich an der Geschichte interessiert sind, sollten Sie sich einer Tour anschließen, da man nur so alle wichtigen Informationen erhält. Trotzdem habe ich hier ein paar der Fakten über die Ruine zusammengestellt, falls man sich das Geld für einen Tourguide sparen möchte und das Gelände lieber auf eigene Faust erkunden möchte.

Zum einen können Sie El Castillo (Schloss, Tempel des herabsteigenden Gottes) erkunden. Es ist das größte und vermutlich auch das bedeutendste Gebäude in Tulum. Es ist benannt nach einer Figur, die das Symbol einer herabstürzenden Sonne darstellt.

El Castillo entstammt mehreren Bauperioden, was man gut bei einer Umrundung des Gebäudes feststellen kann. Nord- und Südseite des Gebäudes entstammen der älteren Bauweise, während der Mittelteil dagegen relativ neu erscheint. Der Tempel selbst besteht aus Säulen, die eine Vorhalle darstellen sollen, zwei weiteren Innenräumen und natürlich dem Heiligtum. Wie so oft, haben leider die vielen Touristen Beschädigungen verursacht, sodass der Zugang zum Tempel versperrt und nicht zugänglich ist. Was es mit dem herabstürzenden Gott auf sich hat, ist bis heute nicht ganz genau geklärt. Man vermutet, dass damit der Regengott Chaak angesprochen wurde, aber wie gesagt, sicher ist man sich nicht. Der herabstürzende Gott ist auch nur eine von ehemals drei Stuckfiguren, die über dem Eingang der Säulenhalle zu finden sind.

Der Templo de las Pinturas (Tempel der Gemälde) ist vom Ausgang aus in gerader Linie zum

Castillo zu sehen. Anhand der dekorativen Masken und Wandgemälden geht man davon aus, dass diese Gebäude wohl in verschiedenen Epochen zwischen 1400 und 1450 erbaut wurden. Leider können viele der Fresken und Wandgemälde nicht mehr restauriert werden, da sie mittlerweile zu verwittert sind. Man geht heute davon aus, dass dieser Tempel wohl als letztes erbaut wurde.

Bekannt für seinen ehemaligen Schmuck ist der Templo de los Frescos (Freskentempel) sehr interessant. Er scheint, als wäre er der älteste Tempel Tulums und er enthält wunderschöne und auch noch gut erhaltene Wandmalereien, die man als Besucher aber leider nicht betrachten kann, da auch dieser Teil abgesperrt wurde. Der Freskentempel entstand ebenfalls in vielen verschiedenen Bauphasen, wobei die jeweils neue der vorherigen Phase übergestülpt wurde. Das Gebäude ist mit Fassaden und Fresken geschmückt, die sogar heute noch die grün-blauen Farben erkennen lassen.

Wenn man ganz genau hinschaut, erkennt man, dass es sich hierbei um Darstellungen zum Maiskult, Gottheiten (Zwillingsschlange) und Opferungen handelt. Auch hier wieder meine Empfehlung für einen Tourguide. Denn dieser wird Sie ganz genau darauf aufmerksam machen, wo Sie die Darstellungen finden. Mit dem ungeschulten Auge ist das doch ganz schön schwierig!

Im Weiteren werde ich jetzt noch kurz auf zwei kleinere Tempel eingehen. Der Tempel del la Serie Inicial (Tempel der Initialserie) besitzt eine Stuckverzierung und im Inneren fand man die Stelle mit der ältesten Datierung Tulums. Der Templo Miniatura (Miniaturtempel) ist mehrfach vorhanden. Diese Miniaturtempel wurden vermutlich als Schreine für Opferungen genutzt. Sie befinden sich an der Nordseite des Territoriums, sind aber zu klein, um hineinzugehen.

Und zu guter Letzt gibt es noch den Templo del Dios del Viento (Tempel des Windgottes). Dieser wurde zwar auf einem runden Fundament gebaut, ist in seiner Form jedoch rechteckig und hat auch nur einen Eingang. Schaut man auf die Oberseite der Tempelfassade, so kann man zwei modellierte Stuckstauen erkennen, die diese Fassade zieren.

Wer hier Bilder machen möchte, sollte schon früh morgens dort sein, denn ansonsten hat man Gegenlicht und schöne Bilder werden zu einem Ding der Unmöglichkeit.

Aber um ganz ehrlich zu sein: So beeindruckend diese Tempel auch sein mögen, noch viel imposanter ist der Ausblick auf das Meer. Und hier ist es sogar möglich, an den Strand zu gehen. Perfekter kann man Kultur und Entspannung eigentlich gar nicht kombinieren. Um diesen zu erreichen muss man einfach nur eine Holztreppe nach unten steigen und schon steht man an einem traumhaft schönen Strand, an dem sich die Palmen biegen. Der weiße Puderzuckerstrand direkt an der Küste und dann auch noch mit Blick auf die Maya-Stätte ist einfach nur einzigartig! Und auch das Wasser ist warm wie in einer Badewanne. So lässt es sich also eine ganze Weile aushalten, wenn man genug von Geschichte hat.

Als kleinen Hinweis würde ich mir noch merken, dass ich Ausflüge an einem Sonntag vermeiden würde, da die Mexikaner an diesem Tag kostenlosen Eintritt zu den Sehenswürdigkeiten haben und sie dadurch noch einmal voller sind als sowieso schon mit den ganzen Touristen.

Wer die Ruinen ohne Tour besucht, zahlt hier 70 Pesos Eintritt.

AKUMAL

Nur etwa eine halbe Stunde von Tulum entfernt, bekommen Sie die Möglichkeit, mit Riesenschildkröten zu schnorcheln.

Akumal war ursprünglich ein Hafen der Maya und bietet Ihnen wieder einmal einen tollen Strand mit kristallklarem Wasser wie auf einer Postkarte. Möchte man diese entspannte Atmosphäre alleine in sich aufnehmen, sollte man früh am Strand sein, denn schon bald fallen die Touristen zum Schnorcheln ein.

Aufgrund seiner wachsenden Bekanntheit gibt es auch in Akumal einige Hostels, Ferienwohnungen und sogar kleinere Luxushotels, die sich am zwei Kilometer langen Strand säumen. Trotz alldem ist Akumal ein kleines Örtchen geblieben, in dem der Schutz der Natur im Vordergrund steht. Darum ist hier auch die größte Attraktion das Schnorcheln mit den Schildkröten. Hier kann man sich nämlich auch sicher sein, dass die Schildkröten in ihrer natürlichen Umgebung leben und nicht gefangen sind - was das Schnorcheln noch einmal schöner macht.

Der Grund, warum gerade hier so viele Schildkröten vorzufinden sind, ist, dass hier schon lange der bevorzugte Eiablageplatz der Schildkröten liegt. Zwischen Mai und September kommen immer noch mehrere Hundert der Carey-Schildkröten an diesen Ort, um ihre Eier abzulegen. Die Biologen vor Ort achten daher ganz genau auf den Schutz der Eier. Daher stehen die Eier bis zum Schlüpfen unter ständiger Beobachtung und Bewachung.

Obwohl sich dies nach einer riesigen Zahl anhört, darf man trotzdem nie vergessen, dass die Schildkröten vom Aussterben bedroht sind! Deshalb stehen die Tiere auch in Mexiko unter strengstem Artenschutz.

Wer eine Schnorcheltour bucht, wird schnell merken, dass der Naturschutzgedanke hier sehr großgeschrieben wird. Vor dem eigentlichen Schnorcheln bekommt man ein Video gezeigt, das noch einmal ganz genau darauf hinweist, dass man jede Schildkröte nur zwei Minuten lang beobachten darf und sie unter keinen Umständen berühren darf. Jedoch brauchen Sie sich vor dem Besuch von Akumal keine Sorgen zu machen, dass Sie nicht in den Genuss kommen werden, die Tiere zu beobachten. Man kann mit fast einhundert prozentiger Wahrscheinlichkeit davon ausgehen, dass Sie die

Schildkröten aus nächster Nähe sehen können. Auch für Kinder und ängstliche Schwimmer ist diese Bucht gut geeignet, da sie sehr flach abfallend ist und mit ihren zwei bis fünf Metern Tiefe nicht besonders tief ist.

Für die komplette Schnorcheltour sollte man 90 bis 120 Minuten einplanen und diese bestenfalls vor 10 Uhr morgens einplanen, da man dann die meisten Schildkröten in der Bucht vorfindet, weil sie um diese Uhrzeit Seegras fressen. Wer tatsächlich schon gegen neun Uhr am Strand ist, wird ungefähr 20 bis 30 Schildkröten sehen und braucht sich keine Sorgen, um die vorgegebene Beobachtungszeit zu machen. Denn sobald man sich umgedreht hat, hat man schon die nächste Schildkröte vor der Nase.

Auch wer zuvor noch nie geschnorchelt ist, braucht sich keine Sorgen zu machen. Schnorchel kann man sich ganz bequem bei den Tauchschulen ausleihen.

Neben den Schildkröten kann man in Akumal auch zahlreiche Fischarten beobachten, die sich in der Unterwasserwelt tummeln. Beispiele hierfür sind Barrakudas, Papageienfische und wer genau hinsieht, kann sogar Mantarochen beobachten.

Wer ein wenig Geld sparen will, kann mit dem Colectivo nach Akumal fahren. Denn nur 500 Meter vom Strand von Akumal befindet sich eine Bushaltestelle, die Sie zurück nach Tulum bringt. Die Colectivo-Haltestelle in Puerto Aventuras liegt nahe der Eingangspforte der Hotelzone und der Marina.

All die beschriebenen Ausflugsziele sind perfekt, wenn man nur kurze Zeit in Tulum ist und neben dem Entspannen noch etwas anderes machen möchte. Doch wer Zeit zur Verfügung hat, sollte unbedingt auch weitere Strecken auf sich nehmen. Denn Mexiko hat so unendlich viel zu bieten und Tulum ist ein guter Standort, um auch Ausflüge zu weiter entfernten Zielen zu unternehmen.

WEITER ENTFERNTE AUSFLUGSZIELE

Chichén Itzá

Ganz egal, was Sie noch für Ihre weitere Reise geplant haben. Diese Maya-Stätte ist ein fast schon zwingendes „Go-To" für jeden Mexiko Besucher! Denn Chichén Itzá ist nicht nur die berühmteste und best-restaurierte Maya-Stätte in ganz Yucatan, sondern gehört zu einem der sieben neuen Weltwunder.

Dies wird auch an den Besucherzahlen ersichtlich. Täglich besuchen circa 8000 Menschen diese Sehenswürdigkeit und diese ist somit nach Teotihuacán die archäologische Stätte mit der zweithöchsten Besucherzahl in ganz Mexiko.

Archäologen konnten Siedlungen nachweisen, die bis in die Prä-Klassik gehen. Jedoch erlangte das Bauwerk zu der Zeit noch keine große Aufmerksamkeit. Erst in der Klassik entstand aus ihr eine eigene Stadt mit Königssitz. Erzählungen zufolge gab es damals drei verbündete Städte namens Chichén Itzá, Mayapán und Izamal. Der Legende nach flößte der damalige König von Mayapán Hunac Ceel dem Herrscher von Chichén Itzá Chac Xib Chac einen Liebestrank ein, so dass dieser sich anscheinend unsterblich in die Braut des Königs Izamal verliebte und diese dann sogar entführte.

Daraufhin war es für Mayapán sehr leicht, genügend Verbündete zu finden, um Chichén Itzá anzugreifen. Die Verwüstung und Besiegung von Chichén Itzá ist tatsächlich auch geschichtlich gesichert. Vor allem deswegen nahm der Einfluss der Stadt in der Region in den folgenden Jahren ab, viele Menschen zogen nach Guatemala, um dort ihre neue Hauptstadt Tayasal zu gründen. Schlussendlich wurde Chichén Itzá dann ganz aufgegeben.

Verlassene Tempel waren das einzige, was die Spanier noch auffinden konnten. Erst 1840 wurde die Stadt archäologisch wiederentdeckt und erfuhr später durch den Besuch von John Lloyd Stephens und Frederick Catherwood große Bekanntheit. Denn die Erzählungen von Stephens und gerade die Zeichnungen von Catherwood lösten große Begeisterung bei den Menschen auf der ganzen Welt aus.

Heutzutage sind leider viele Zugänge versperrt, um das Weltkulturerbe zu schützen. Doch imposant bleibt der Tempel allemal. Er zählt schließlich nicht ohne Grund zum Weltkulturerbe der UNESCO und zu den sieben neuen Weltwundern.

Wenn Sie noch mehr an geschichtlichen Fakten und Hintergrundwissen interessiert sind, sollten Sie um jeden Preis eine Tour buchen. Die Guides kennen sich perfekt mit allen Fakten aus und können persönliche Fragen beantworten. Oftmals haben sie auch selbst Maya-Wurzeln weshalb dann noch eine gewisse Leidenschaft in den Erzählungen auftaucht. Es ist einfach unfassbar spannend, ihnen zuzuhören und keinesfalls langweilig!

Die Stadt ist allgemein in sehr gut erhaltenen Zustand und würde man alle Gebäude in der Umgebung anschauen wollen, würde man dies nicht an einem einzelnen Tag schaffen. Sucht man sich jedoch die bekanntesten heraus, hat man einen atemberaubenden Tagesausflug vor sich.

Egal welchen Eingang man benutzt, man läuft geradewegs auf das atemberaubende Bauwerk zu: El Castillo. Von hier aus kann man einen Rundgang starten, der im Uhrzeigersinn um das Gelände führt.

El Castillo, oder auch" die Pyramide des Kukulcán", war für mich das absolute Highlight des Geländes. Es ist einfach atemberaubend vor einem Tempel zu stehen, der in echt noch viel mehr auf einen wirkt als auf Bildern. Zudem verbirgt das Bauwerk einige

Details, die man ohne Fachwissen nicht erahnen könnte. So erfuhr ich, dass die komplette Pyramide ein komplexer Kalender ist. Alle vier Treppen haben je 91 Stufen. Das Tempelhaus besitzt auch noch einmal eine Stufe. Also insgesamt kann man 365 Treppenstufen zählen - genauso viele Tage, wie das Jahr besitzt. Die 52 Platten an der Seite weisen auf den 52-jährigen Zyklus hin, an dem die beiden Maya-Kalender (einer mit 365 Tagen und einer mit 260 Tagen pro Jahr) aufeinandertreffen.

Das mag zwar für den ein oder anderen schon beeindruckend genug sein, doch mein Tourguide zeigte uns Bilder von dem Highlight der Maya-Kunst, wenn zweimal im Jahr während der Tag-und Nachtgleiche ein Licht und somit ein atemberaubendes Schattenspiel auf die Treppen geworfen wird. Dann wird nämlich, verbunden mit den Schlangenköpfen am Ende der Pyramide, der Eindruck erweckt, als würde hier eine riesige Schlange die Pyramide herabkriechen.

Steht man vor El Castillo wird man verrückterweise viele Gruppen sehen, die in die Hände klatschen. Dies machen sie nicht ohne Grund. Denn durch den Hall kommt überraschenderweise ein

Geräusch zurück, das dem Ruf des heiligen Vogels der Maya nachempfunden ist. Ich finde es immer wieder als beeindruckend, wie schlau die Menschen doch früher waren und wie aufmerksam sie ihre Umgebung und Natur studiert haben!

Prinzipiell gibt es im Inneren der Pyramide noch eine kleinere. Diese kann man jedoch nicht besichtigen, da der Zugang gesperrt wurde. Diese hat eine Treppe mit neun Stufen. In ihrem Inneren steht ein Thron in Form eines Jaguars mit Jadeaugen.

Auf dem Rundgang kann man des Weiteren noch verschiedene Ballspielplätze, einen Markt, das Schwitzbad, den Palast der tausend Säulen, den Kriegertempel und noch vieles weitere besichtigen. Auch hier lege ich wieder einen Tourguide ans Herz, der Ihren Aufenthalt dort nicht nur spannender gestalten wird, sondern Sie mit viel mehr Wissen über die Maya-Kultur nach Hause schickt.

Leider kann keines der Gebäude mehr bestiegen werden - was bei 8000 Besuchern pro Tag aber auch verständlich ist. Zudem ist vor ein paar Jahren eine Besucherin beim Klettern heruntergestürzt und gestorben. Wie man also sieht, ist dieses Verbot nicht nur zum Schutz des Weltkulturerbes, sondern auch zum Schutz für unser eigenes Wohl.

Wer wirklich den ganzen Tag hier verbringt, hat abends die Möglichkeit, ein besonderes Highlight mitzuerleben. Dann wird nämlich der nördliche Teil der Anlage, unter anderem El Castillo, und der große Ballspielplatz erleuchtet und in Form einer Lichtershow in buntes Licht gehüllt. Nebenbei kann man dann Musik und der Geschichte von Chichén Itzá lauschen. Das Ganze kann man sogar auf Deutsch auf ausgeliehenen Kopfhörern mitverfolgen. Dies könnte eine gute Möglichkeit für all diejenigen sein, denen es in der Mittagshitze zu heiß ist, um sich auf geschichtliche Fakten zu konzentrieren.

Den Rundgang macht man zu Fuß, aber da man an jeder Ecke etwas entdecken kann, sind es wirklich keine unendlich langen Strecken. Der Eintritt kostet rund 240 Pesos. Das ist für ein Weltwunder ein absolut akzeptabler Preis. Doch da dieser Eintritt bis vor Kurzem noch die Hälfte gekostet hat, würde ich mich nicht darauf verlassen, dass es bei diesem Preis auch bleibt.

Was auf dem Gelände leider ein wenig stört, sind die ganzen Souvenirstände, die nach näherem Betrachten doch irgendwie alle dasselbe verkaufen.

Wer jedoch trotzdem ein Andenken mitnehmen möchte, sollte damit eher bis zum Nachmittag warten. Denn dann werden die Souvenirs bis um die Hälfte billiger angeboten.

Da ich Chichén Itzá mit einer Tour gebucht habe, war für mich die Hinfahrt natürlich inbegriffen und ich musste mir darum keine Sorgen machen. Wollen Sie den Ausflug jedoch selbstständig gestalten, haben Sie die Möglichkeit mit einem der ADO-Busse zu fahren. Es gibt zwar keinen offiziellen ADO-Busbahnhof, aber jeder Bus, der zwischen Mérida und Playa del Carmen entlangfährt, hält auf dem Parkplatz in der Nähe des Haupteingangs. Alternativ können Sie Ihr eigenes Auto oder eben ein Taxi wählen.

Wenn Sie über Nacht bleiben wollen, haben Sie natürlich auch die Möglichkeit in einem nahe gelegen Hotel unterzukommen. So haben Sie auch die Möglichkeit, als einer der Ersten, oder auch Letzten, auf dem Gelände zu sein und somit den großen Besucherströmen aus dem Weg zu gehen, ohne dafür in aller Herrgottsfrühe aufstehen zu müssen. Denn Chichén Itzá liegt ungefähr zwei Stunden von Tulum entfernt.

Meine Tour führte uns nach dem Besuch von

Chichén Itzá in ein nahes gelegenes Städtchen, wo man selbstgemachte Schmuckstücke oder Handarbeiten kaufen konnte. Hier durften wir auch ein traditionelles Mittagsbuffet genießen mit beispielsweise Maistortillas. Während des Essens gab es zudem noch eine Trommel und eine Tanzshow. Allein zu sehen, wie die Frauen die Maistortillas herstellen und durch dieses kleine, ursprüngliche Dorf zu wandern, war wieder eine so tolle Erfahrung, dass ich es jedem empfehlen würde, diese Tour zu buchen! Wenn Sie interessiert sind, schauen Sie einfach auf TripAdvisor vorbei. Dort erscheint der Ausflug sofort, wenn man Chichén Itzá eingibt.

Nach dem Mittagessen fuhren wir weiter nach Valladolid. Natürlich kann man diese Stadt auch einfach so besuchen, aber ich empfand den kurzen Zwischenstopp als ausreichend, da es nicht so viel zu entdecken gibt. Wer trotzdem einmal nach Valladolid möchte, sollte sich den Parque Principal anschauen und dort den Schatten oder einen Spaziergang genießen. Rund um die Plaza gibt es einige Hotels, Restaurants und Geschäfte. Läuft man auf die Südseite, so ragt dort die Iglesia San Gervasio auf. Südwestlich des Hauptplatzes erscheint das

Franziskanerkloster San Bernandino de Siena.

Unweit des Zentrums liegt die Cenote Zaci, die mit ihren Algen aber eher einem dunklen Wasserloch ähnelt. Die lokalen Jugendlichen wagen hier einige tollkühne Sprünge hinunter ins kühle Nass.

Der zentrale Kern ist wunderschön und besitzt seinen ganz eigenen Charme, aber ich persönlich würde den Ort während der Durchreise zu einer anderen Attraktion nutzen, denn nur für einen Besuch von Valladolid die weite Strecke von 90 Minuten auf sich zu nehmen, wäre dann doch nicht so lohnenswert wie vielleicht erhofft.

Bacalar - die Lagune der sieben Farben
Wenn Sie ein Naturschauspiel der besonderen Art miterleben wollen, würde ich Ihnen einen Tagesausflug nach Bacalar ans Herz legen. Man fährt zwar über zwei Stunden, aber wenn Sie erst einmal angekommen sind, werden Sie die lange Autofahrt sofort vergessen haben! Mit seinen Strohdächern erinnert der Ort sofort an die Malediven. Und das Wasser erst! Schon am Ufer kann man erkennen, warum dieser Ort die Lagune der sieben Farben genannt wird. Aufgrund ihrer Vielfältigkeit an verschiedenen Böden, Tiefen und Intensität der Sonnenstrahlen, wird

das Gewässer in sieben verschiedenen Blautönen reflektiert. An einer Stelle ist das Wasser so klar, dass man metertief blicken kann und das Gefühl hat, an einem karibischen Strand zu sein. Doch nur Minuten später ist das Wasser so dunkel und unheimlich, dass es nicht gerade zum Baden einlädt. Am besten sieht man dieses Farbschauspiel natürlich, wenn man die einmalige Landschaft per Boot, Kajak, Segelboot oder Wassermotorrad erkundet. Denn außer den verschiedenen Farbtönen gibt es auch Kontraste in der Pflanzenwelt zu entdecken, die das Gewässer umgibt.

Auch hier gibt es einige Cenoten, die man auf den ersten Blick vielleicht gar nicht als solche wahrnehmen würde. Doch plant man diesen Ausflug mit einem Tourguide, wird man natürlich darauf und noch auf viele andere spannende Dinge hingewiesen wie beispielsweise die verschiedenen Vogelarten.

Einer meiner Highlights auf dem Bootstrip, der ungefähr drei Stunden ging, war der „canal de los piratas" (übersetzt: Kanal der Piraten). Denn dort warfen wir Anker und durften in dem traumhaft klaren, türkisfarbenen Wasser baden und relaxen. Wer sich und seine Haut besonders verwöhnen will, kann sich dort auch mit Heilschlamm einreiben, der sich auf dem Boden des Gewässers befindet.

Interessant zu wissen ist, dass die Lagune Bacalar streng genommen gar keine Lagune, sondern ein Süßwassersee mit einer Länge von circa 50 Kilometern und einer Breite von zwei Kilometern ist. An den Ufern entlang der Westseite der Lagune haben sich schon einige Hotels angesiedelt, doch trotzdem ist hier der Massentourismus noch nicht angekommen. Wer also, nicht so wie ich, nur für einen Tag nach Bacalar kommen möchte, kann hier auch gut für ein oder zwei Nächte verweilen. Doch man muss auch anmerken, dass die Lagune die größte Attraktion in diesem Ort ist.

Das Ortszentrum selbst besteht aus wenig befahrenen Straßen mit ein paar Unterkünften und Cafés. Streetart-Interessierte werden hier wohl auf ihre Kosten kommen, denn der Ort beherbergt einiges von dieser Kunst und viele Stellen sind perfekt, um außergewöhnliche Bilder zu machen. Strände wie in Tulum gibt es entlang der Lagune keine, aber dafür kann man ein paar öffentliche Badeplätze besuchen. Kostenlos können Sie zum Beispiel den Schwimmplatz im Ortszentrum bei der Calle 14

nutzen. Wenn Sie in Schaukeln und Hängematten relaxen wollen, können Sie für 35 Pesos südlich des
Ortszentrums dem Badeplatz namens „Cocalitos" einen Besuch abstatten. Alternativ zu den Hängematten im Wasser kann man sich hier auch auf einer
kleinen Liegewiese entspannen.

Geschichtlich vielleicht kurz anzumerken ist,
dass Bacalar im Jahr 475 von den Maya gegründet
wurde. Der ursprüngliche Name war „Bakhalal" und
es war die erste Stadt, die von den Conquistadores
1543 eingenommen wurde. Die Spanier benannten
diesen Ort dann „Salamanca de Bacalar". Heute ist
der Ort noch immer ein wenig verschlafen und wer
nach sehr viel Entspannung und Ruhe sucht, wird in
Bacalar einen perfekten Platz dafür gefunden haben.
Wer aber eher auf Abenteuer steht und nicht so gut
die Beine stillhalten kann, sollte die Lagune und
Bacalar vermutlich eher als Tagesausflug nutzen o-
der höchstens eine Nacht übernachten, denn wie
eben schon angemerkt, gibt es hier außer Entspannung nicht viel zu tun und die meisten Highlights befinden sich natürlich in Wassernähe.

Sian Ka'an – Das Biosphärenreservat

Ganz besonders empfehlen möchte ich Ihnen diesen Ausflug. Noch heute denke ich mit Freuden zurück an diesen Tag, der einfach von vorne bis hinten perfekt war.

Im Gegensatz zu den anderen Ausflugszielen liegt dieses Reservat mit etwa einer Stunde Entfernung sogar relativ nahe an Tulum (Stadt). Vom Strand aus ist es sogar noch näher.

Sian Ka'an ist tatsächlich auch ein Weltkulturerbe der UNESCO und bedeutet in der Maya-Sprache: "Wo der Himmel geboren wurde" oder auch „Geschenk des Himmels". Ich persönlich finde diese Übersetzung wunderschön und kann wirklich bestätigen, dass dieser Ort ein Geschenk für jedermann ist, denn man wird ihn so schnell nicht wieder vergessen. Dieses tropische Paradies umfasst 5280 Kilometer und ist die Heimat verschiedenster Tiere und über 850 Pflanzenarten.

Neben den hunderten Vogelarten, die sogar teilweise vom Aussterben bedroht sind, beheimatet Sian Ka'an sechs unterschiedliche Arten von Meeresschildkröten, zwei Delfinarten, Seekühe, Rochen, Pumas, Spinnenaffen, Jaguaren und die höchste Anzahl an Salzwasserkrokodilen in ganz Mexiko. Ich selbst hatte das wahnsinnige Glück, fast alle diese Tiere hautnah und in ihrer freien Wildbahn zu beobachten, doch dies ist natürlich nicht immer der Fall. Gerade wenn das Wasser unruhig ist, kann es gut sein, dass nicht viele der Tiere zum Vorschein kommen. Doch wenn Sie es tun, dann wird Ihnen der Atem wegbleiben. Das kann ich Ihnen versprechen!

Besonders beeindruckend waren die Delfine, die minutenlang um uns herumschwammen und sprangen und uns bei unserer Weiterfahrt noch eine Weile begleiteten. Gerade die Seekuh war etwas schüchterner und man konnte sie immer nur kurz beim Auftauchen sehen. Doch trotzdem ist es der Wahnsinn, wenn so ein riesiges Tier auf einmal neben einem auftaucht und seinen Kopf in die Luft streckt. Mir hat besonders gut gefallen, dass die Tourguides so aufmerksam mit der Umgebung und den Tieren umgingen und wir sie somit nie belästigten. Mir ist es nämlich immer sehr wichtig bei solchen Ausflügen, dass die Tiere trotz der Beobachtung noch ihrem natürlichen Leben nachgehen können und sich nicht bedroht fühlen. Wem es genauso geht, den kann ich hiermit auch beruhigen. Ob die

Guides bei jeder Tour auch wirklich so aufmerksam sind, kann ich natürlich nicht beurteilen, aber bei mir war es zumindest so. Anders als bei vielen anderen Ausflugszielen, kann man Sian Ka'an auch nur mit einem Tourguide erkunden. Man selbst würde sich in diesem riesigen Gebiet gar nicht zurechtfinden, geschweige denn wissen, wo man die Tiere und Pflanzen am besten beobachten kann. Davon abgesehen dient es auch dem Naturschutz dafür zu sorgen, dass nicht zu viele Touristen gleichzeitig diesen wunderschönen unberührten Ort besuchen. Deswegen ist es auch hier ganz wichtig, während der Bootstour keine Sonnencreme oder Mückenspray mehr aufzutragen, da dies sehr schädlich für die Umgebung wäre.

Unsere dreistündige Bootsfahrt führte uns durch Mangroven zur sogenannten Vogelinsel. Dort haben wir von unserem Guide einiges über Fregattvögel, Pelikane, Kormorane und Reiher erfahren. Außerdem kann man hier mit etwas Glück beobachten, wie die Pelikane sich im Sturzflug direkt vor den Booten ihr Futter aus dem Wasser fischen. Bei unserer Weiterfahrt wurden wir dann mit dem Besuch der Delfine beschenkt. Eigentlich gehörte zu unserem Ausflug auch das Schnorcheln am Korallen-riff, bei dem man Korallen, tropische und exotische Fische, sowie manchmal sogar Seesterne, Langusten oder Rochen beobachten kann. Da bei uns das Was-ser aber zu unruhig war, musste dieser Teil leider ausfallen und wir fuhren direkt zu einer Badestelle an dem das Wasser besonders seicht und mal wieder kristallklar war.

Nach dieser kurzen Entspannungszeit ging es weiter zu dem Fischerdorf Punta Allen, wo wir ein leckeres Mittagessen mit frisch gefangenem Fisch genossen. Dieses Dorf ist ein wahrer Traum mit sei-nen Palmen und den Stränden, die einen an eine Postkarte aus der Karibik erinnern. Viel zu schnell mussten wir schon wieder ins Boot steigen und uns auf den Rückweg machen.

Ich kann nur von diesem Ausflug schwärmen. Doch selbstverständlich könnten Sie auch nicht ganz so viel Glück mit Ihrem Tourguide oder der Tierbe-obachtung haben. Das muss Ihnen natürlich bewusst sein. Klar, dass gerade die Delfine den Tag noch be-sonderer gemacht haben, aber ich kann Ihnen auch mit gutem Gewissen sagen, dass schon allein die Landschaft, das Fischerdörfchen und die lustige

Bootsfahrt sich lohnen würden, um die Tour zu buchen. Wenn Sie sich unsicher sind was das Wetter angeht, da dieses stark beeinflusst, wie viele Tiere Sie sehen werden, können Sie einfach bei der Organisation nachfragen, bei der Sie gebucht haben. Das habe ich auch so gemacht und bin im Nachhinein heilfroh darüber, da sie mir den Tipp gegeben haben, lieber noch zwei Tage zu warten. Und siehe da: Das Warten hat sich eindeutig gelohnt!

Isla Mujeres - Insel der Frauen

Eigentlich ist der perfekte Standort für diesen Ausflug der Ort Cancún. Aber wenn Sie nur in Tulum Urlaub machen, können Sie die Insel natürlich trotzdem besuchen. Von Cancún aus fahren Sie mit einer Fähre 15 Minuten hinüber zur Insel, die mittlerweile sehr bekannt bei den Touristen ist. Trotzdem kann man hier gut an dem Strand „Playa Norte" entspannen oder in einem der vielen unzähligen Restaurants oder Hotels etwas essen. Die Insel kann man sehr gut mit einem Mofa oder Golfwagen erkunden, um beispielsweise der Schildkrötenaufzuchtstation, dem Leuchtturm an der Südspitze, dem Muschelhaus oder dem Unterwassermuseum einen Besuch abzustatten. Auch zum Tauchen, Schnorcheln oder zum

Schwimmen mit Delfinen lädt diese Insel ein, die mit ihrer Fläche von 4,2 Quadratkilometern mittlerweile mehr als 12.000 Menschen eine Heimat bietet.

Wem diese Ausflugziele noch nicht ausreichen, kann auch der Isla Contoy, las Coloradas oder der Isla Holbox einen Besuch abstatten.

Wer einen Trip zur Isla Mujeres bucht, kann diesen gut mit einem Abstecher zur Isla Contoy verbinden. Denn oft werden die beiden Ziele miteinander verbunden. Die Isla Contoy wird als die Vogelinsel Yukatans angepriesen und demnach kann man hier die verschiedensten Vogelarten entdecken. Auch Schnorcheln ist hier möglich.

Las Coloradas kennt man vielleicht von Bildern, da dieser Ort für die wunderliche rosa Färbung des Wassers bekannt ist. Nur einmal am Tag fährt ein Bus von Río Lagartos nach Las Coloradas. Wer also nicht dort vor Ort ist, ist abhängig von einem Mietwagen oder einer gebuchten Tour. Unterkünfte oder eine touristische Infrastruktur gibt es zwar nicht vor Ort, aber dafür künstlich angelegte Salzbecken und natürlich das „pink water". Die Farbe bekommt das Wasser von Mikroorganismen. Über die Nahrungskette werden Carotinoide, also Farbstoffe, weitergegeben, Salinenkrebse zum Beispiel dienen als Futter. Diese wiederum werden von den in der Gegend lebenden Flamingos verspeist, wodurch ihre Federn erst ihre außergewöhnliche Farbe erhalten. Doch außer der Natur gibt es hier nicht viel mehr zu entdecken. Auch die Entfernung zu Tulum von drei Stunden ist ziemlich weit.

Die Isla Holbox ist so, wie Playa del Carmen früher einmal war - ein verschlafenes und entspanntes Fischerdörfchen ohne Hotelbunker. Hier gibt es außer der Müllabfuhr keine Autos. Fortbewegt wird sich hier mit Roller, Golfcarts oder sogar Pferden. Hier kann man seine Seele in einer der Hängematten im Wasser baumeln lassen oder man mietet sich für eine Nacht ein Zimmer in den vereinzelten Hotels. Denn was ganz wichtig ist: Die Isla Holbox ist stolze drei Stunden und 30 Minuten von Tulum entfernt. Deswegen ist es zwar ein wunderschönes Ausflugsziel, aber Tulum ist nicht der beste Standort, um einen Ausflug dorthin zu planen.

JANINA GOEDEKE

Anreise, Abreise und Weiterreisetipps

Für Ihren Aufenthalt in Tulum werden Sie den Flughafen in Cancún anfliegen und von dort müssen Sie noch eine Weiterfahrt von etwa 90 Minuten einplanen. Wenn Ihnen das nach dem langen Flug zu lange dauert, können Sie natürlich auch eine Nacht in Cancún verbringen. Ich habe mir vom Flughafen aus einen Shuttle zu meinem AirBnB gemietet, da ich zuerst einige Zeit in Cancún verbracht habe. Wer direkt nach Tulum möchte, kann sich entweder ein Auto mieten oder den Bus nehmen. Die eindeutig einfacheren, aber auch teureren, Alternativen sind ein Taxi oder ein Shuttle, bei dem man gut und gerne bis zu 200 Euro bezahlen kann, beziehungsweise muss. Günstige Flüge finden Sie unter skyscanner.com. Dort werden verschiedene Fluggesellschaften miteinander verglichen und Ihnen wird automatisch der billigste oder kürzeste Flug herausgesucht - je nachdem, wo Sie Ihre Prioritäten setzen.

Am besten nutzen Sie für Ihre Weiterreise - egal, ob sie zum Flughafen oder zum nächsten Ziel wie Playa del Carmen oder Cancún führt - einen der bereits schon erwähnten ADO-Busse. Diese Station befindet sich in Tulum Stadt und ist auch den Taxifahrern gut bekannt. Man kann dort ganz einfach am Schalter ein Ticket kaufen. Meistens reicht dies sogar noch kurz vor Abfahrt. Für ein Ticket, zum Beispiel nach Playa del Carmen, zahlt man auch nur ungefähr sechs Euro.

Restaurants und Essenstipps

W er nach Mexiko kommt, sollte sich meiner Meinung nach durch die mexikanische Küche durchprobieren. Ein sehr gutes Restaurant für billige und sehr gute Burritos findet man beispielsweise in Tulum Stadt. Der Name des offenen Restaurants ist "Burrito Amor" und dieses ist direkt an der Hauptstraße. Leckeres mexikanisches Essen wie Fajitas finden Sie auch in „La Coqueta mexican food" in der Av Coba, oder wer es lieber etwas billiger mag, in „El Rinco Chiapeneco" in der Calle Jupiter Sur. Unter Mexikanern kann man im „La Malquerida" Calle Centauro, in der Nähe des ADO-Busbahnhofes essen. Ein billiges, kleines Taco-Paradies, das Fastfood auf mexikanisch anbietet, heißt „Antojitos La Chiapaneca" und ist auch in der Av. Tulum, nahe des ADO-Bahnhofs. Wer gerne Meeresfrüchte isst, sollte sich eines der unzähligen Restaurants am Strand raussuchen. Wer frühstücken möchte, oder wer im Urlaub auch mal auf seine gesunde Ernährung achten möchte, ist im „Raw Love Cafe" genau richtig. Auch dieses befindet sich direkt am Strand, ist aber von den Preisen her relativ teuer. Für ein günstigeres Frühstück können Sie zum Beispiel zum „Café Hunab Ku", das sich auch direkt in Tulum Stadt in einer Seitenstraße namens Calle Kukulcan Corner with Calle Mercurio West befindet. Hier bekommen Sie leckere Smoothies und selbstgemachte Sandwiches, Croissants oder Obst.

Apropos Obst: Ganz besonders will ich Ihnen ans Herz legen, an den Obstständen frisches Obst zu kaufen! Gerade die Mango schmeckt so viel besser, dass Sie den Geschmack später in Deutschland sofort vermissen werden. Auch eine frische Kokosnuss am Strand ist ein absolutes Muss!

Wenn Sie die europäische Küche dann doch einmal vermissen sollten, könnten Sie im französischen „Le Bistro" in der Calle Centauro/Plaza de los Arcos fündig werden oder in der Pizzeria „La Nave" in der Av. Tulum 570.

Übernachtungstipps

Mein persönlicher Tipp sind die AirBnB's, die im Vergleich zu einem Hotel einfach viel günstiger sind und man somit das Geld für einen der tollen Ausflüge nutzen kann. Mein AirBnB kann ich nur weiterempfehlen. Es hieß "casa rústica" und wie der Name schon sagt, war es sehr rustikal. Geschlafen hat man in Himmelbetten in vereinzelten Blockhütten, die nur mit dem allernötigsten ausgestattet waren. Man hat sich dort gefühlt wie in einer Oase, weil alles voller Pflanzen war. Auch einen Pool gab es. Das AirBnB befand sich direkt in Tulum Stadt und direkt in der Straße von dem eben erwähnten Frühstückslokal „Cafe Hunab Ku".

Andere Tipps wären zum Beispiel das Boutique-hotel-Teetotum in der Av. Coba sur, Lote 2. Dies ist ein schickes Privathotel außerhalb des Ortes. An der Abzweigung der Ruinen finden Sie das Hotel Acuario mit seinen ordentlichen, funktionalen Zimmern.

Im Backpackertreff „The weary traveler" in der Av. Tulum finden Sie eine Jugendherberge mit Garten.

Wer mehr Geld zur Verfügung hat, sollte sich natürlich direkt am Strand ein Zimmer mieten. Tipps hierfür wären das Designerhotel „Mezzanine" in der Carr. Boca Paila mit Pool und hervorragendem Restaurant. Oder für Romantiker wäre das „Encantada Beachfront Hotel" geeignet, das sehr luxuriös ausgestattet ist und auch nur acht Zimmer besitzt.

Reisekosten

N atürlich kann man pauschal nie festlegen, wie viel Geld man einplanen sollte, da dies immer sehr abhängig von Saison und Unterkunft ist. Für eine günstige Übernachtung in einem Hostel ohne Bad und meistens im Mehrbettzimmer kann man aber mit etwa fünf bis 20 Euro pro Nacht rechnen und mit einer Übernachtung im Mittelklassehotel mit 20-50 Euro.

Allgemein ist Mexiko und speziell Tulum ein ziemlich teures Reiseziel - gerade, wenn man es mit Ländern wie Thailand vergleicht. Für ein gutes Abendessen im Restaurant muss man daher schon einmal mit Preisen (mit Getränk) von sechs bis 15 Euro rechnen.

Für eine kurze Taxifahrt (Zum Beispiel vom Strand ins Zentrum) sollte man mit etwa drei Euro rechnen.

Wollen Sie Geld sparen möchten, sollten Sie eine billige Unterkunft wählen und nicht so viele Ausflüge planen, denn die waren mitunter das teuerste an der ganzen Reise. Jedoch kann ich Ihnen nur ans Herz legen, am besten viel vor der Reise zu sparen, da man Tulum und Umgebung auf jeden Fall erkunden sollte und nicht nur am Strand seine Zeit verbringen sollte!

Wie viel Zeit sollte man einplanen?

D ies hängt ganz davon ab, ob Sie nur nach Tulum reisen oder ob Sie danach noch weiterreisen. Für Tulum allein und um die Umgebung zu erkunden, reichen zwei bis drei Wochen absolut aus. Wollen Sie aber noch mehr Orte besuchen, wie Playa del Carmen oder sogar bis nach Belize weiterfahren, sollten Sie unbedingt viel mehr Zeit einplanen.

Reisezeit

Prinzipiell können Sie Mexiko das ganze Jahr über besuchen. Merken sollten Sie sich dabei nur, dass ab Mitte März während des Springbreaks viele amerikanische Studenten zum Feiern kommen und in der Zeit zwischen Juni und November ziehen Hurricanes über den südlichen Teil von Mexiko, die aber meistens keine großen Schäden anrichten. Hauptsaison ist in Mexiko ab Ende November bis Mai. Hier sind natürlich die Hotels am teuersten und besonders an Weihnachten und Ostern ist vieles schnell ausgebucht. Die Hauptregenzeit ist zwischen November und Mai und gerade an den Küsten von Yucatan kann es sehr heiß und schwül werden. Die Temperatur liegt immer zwischen 23 und 30 Grad, aber gerade in den Monaten von April bis September kann es noch heißer sein.

Die Wassertemperatur im Karibischen Meer ist nie kälter als 21 Grad und lädt somit regelrecht zum Baden ein. Man sollte trotzdem anmerken, dass es oftmals zu ungeplanten Regenschauern kommen kann. Ich habe Mexiko im Januar bereist und es hieß, dass es in dieser Zeit mit am wenigsten regnen soll. Trotz dessen wurde ich oft vom Regen überrascht, der aus dem Nichts kam und auch der Wind war dann nicht ohne. Doch meistens war der heftigste Regenschauer nach zehn Minuten auch wieder überstanden. Am besten flüchtet man in so einer Situation je nach Möglichkeit in ein nahe gelegenes Café, um etwas zu trinken. Doch einmal befand ich mich auch mit einem Boot mitten auf dem Meer... Man sieht also, dass man sich nie ganz auf das Wetter verlassen kann und schon gar nicht auf den strahlend blauen Himmel. Denn das Wetter kann wirklich blitzartig umschlagen.

Meine Erfahrungen

Oftmals wurde ich ziemlich schockiert angeschaut als ich verkündet habe, dass ich alleine als Frau nach Mexiko reisen will. Doch ich kann Ihnen versichern, dass ich mich niemals bedroht oder verängstigt gefühlt habe! Ich habe weder etwas von Drogenkriegen oder Entführungen, oder gar Ermordungen mitbekommen. Natürlich würde ich das Land niemals als absolut sicher einstufen, aber trotzdem kann man völlig beruhigt dorthin reisen. Man sollte trotzdem immer aufmerksam sein und sich gerade abends nicht alleine in verlassenen Gassen umhertreiben. Aber ich glaube der gesunde

Menschenverstand lenkt einen da auch oft in die richtige Richtung. Ich persönlich habe so viele herzliche und fröhliche Menschen in Mexiko kennengelernt und ich kann es nur empfehlen, zum Beispiel ein Gespräch mit den Tourguides zu führen. Sie können einem so viel über Land und Leute berichten. Das kann man in keinem Reiseführer der Welt nachlesen! Diese Fröhlichkeit und Offenheit der Menschen machen den Aufenthalt noch einmal besonderer, obwohl es den Menschen oftmals viel schlechter geht als uns.

Als Fazit kann ich nur sagen: Reisen Sie nach Mexiko und speziell nach Tulum. Sie werden die Zeit dort niemals vergessen, denn für jeden ist dort etwas zu finden. Egal, ob als Pärchen, Familienurlaub oder, so wie, ich alleine. Mexiko bietet für jeden etwas Spezielles und der Urlaub wird für jeden einzigartig werden. Das kann ich versprechen!

Herstellung und Verlag:

BoD – Books on Demand, Norderstedt

ISBN: 9783751972963

© Janina Goedeke 2020

1. Auflage

Kontakt: Psiana eCom UG/ Berumer Str. 44/ 26844 Jemgum

Covergestaltung: Fenna Larsson

Coverfoto: depositphotos.com